P. CLAUSE

I. FOUCHÉCOUR

N. RENARD

W0199645

ÉVACUEZ VOTRE STRESS

DANS LA MÊME COLLECTION

* *Boostez votre confiance en vous*
  Emmanuel Portanéry
* *Débordé, moi ? Jamais !*
  Odile Duplessis
* *Oser, même pas peur !*
  Laurent Dufourt, Jérôme Carpe

Directeur : Pierre-Olivier Bonfillon
Directrice éditoriale : Françoise Kerlo
Responsable d'édition : Virginie Hamelin
Chef de fabrication : Flora Bellanger
Mise en page : Maryse Claisse, Full page
Conception de la couverture : Chloé Sadoun, polnor@wanadoo.fr

Illustrations : Rachid Maraï

© 2018 Éditions Prisma/Prisma Media
Tous droits réservés

Ce livre est une réédition de *Évacuez votre stres - Le cahier d'entraînement*
© 2011 ESF éditeur

ISBN : 978-2-8104-2405-4
Dépôt légal : avril 2018

Imprimé en Pologne par Dimograf

MIXTE
Papier issu de sources responsables
FSC® C018236

Depuis 2009, Prisma Media met en place une politique d'achat éco-responsable. Ainsi, près de 100 % du papier de nos magazines est certifié (gestion durable des forêts). La fabrication des livres des Editions Prisma s'inscrit également dans cette démarche.

Quand le stress se transforme en énergie créatrice

Le stress est comme le cholestérol, il est indispensable à la vie ; et comme pour le cholestérol, c'est une question de « type » et de « dosage » !
Ce cahier s'adresse à ceux dont le stress n'est pas encore une souffrance chronique, mais déjà une gêne, un frein, un mangeur d'énergie…
En allégeant votre dose de stress négatif, vous allez libérer des énergies que vous pourrez mettre au service des projets qui vous tiennent à cœur.

« Notre vie est ce qu'en font nos pensées. »
Marc-Aurèle

Règles du jeu

Vous mettrez de côté la petite machine à juger qui est dans votre tête, et qui vous dit en permanence « c'est bien », « ce n'est pas bien ». Vous vous laisserez surprendre par ce qui arrive en écoutant ne serait-ce qu'une fraction de seconde avant de réagir par réflexe. Vous oserez écrire dans ce cahier ce que vous n'osez pas habituellement, et ce qui émergera, vous l'accueillerez, vous vous laisserez surprendre, vous vous laisserez toucher.

Et surtout, vous vous amuserez, c'est la meilleure façon d'être spontané.

Matériel

Il vous faut un set de crayons de couleur ou de feutres, avec au moins 5 couleurs différentes pour écrire ce que vous ressentez, ce que vous découvrez, les réflexions qui émergent…

Et maintenant, à vous de jouer ! Soyez le plus transparent possible dans vos réponses pour que ce cahier vous soit véritablement bénéfique.

Je me remémore une situation de stress

Vous avez déjà vécu une situation de stress inconfortable, qui vous a sensibilisé au sujet. Mettez-vous dans un endroit isolé et remémorez-vous cette situation. Mettre à distance est, en effet, déjà une première manière d'évacuer le stress.

* C'était où ?

* C'était quand ?

* Qui était là, à part vous ?

✳ Que s’est-il produit et comment cela s’est-il passé ?

✳ Avez-vous eu une réaction physique ? Laquelle ?

Vous le saviez déjà, le stress n’est pas un concept, c’est quelque chose de fort qui vous remue Cet exercice a réveillé votre stress ? C’est le moment d’essayer un moyen très simple de le faire baisser : faites une page rush. Prenez de quoi écrire et écrivez tout ce que vous ressentez, pensez sans vous arrêter. Sans chercher à être cohérent, ni politiquement correct : c’est entre vous et vous, alors lâchez-vous !

Le stress, c'est quoi pour vous ?

Repérez dans ces propositions les mots qui caractérisent votre stress ; si besoin, complétez avec vos propres mots :

Stimulation	Difficultés à écrire	Insomnies	....
Extinction de voix	Bégaiements	Désespoir	....
Mains moites	Esprit embrouillé	Suractivité	....
Enthousiasme	Sur-sollicitation	Migraines	....
Nausées	Surprise	Défi	....
Crise de nerfs	Ruminer	Vertiges	....
Pensées bloquées	Mal à l'aise	Ennui	....
Trous de mémoire	Dynamisme	Abattement	....
Palpitations	Dénigrements	Tensions	....
Succès	Peur de manquer	Performance	....
Perte de moyens	Créativité	Devoirs	....
Maux de ventre	Peurs	Ivresse	....
Trac	Vitalité	Rires	....
Gorge nouée	Émulation	Explosion de joie	....
Anxiété	Surbooké	Énervement	....
Fatigue	Lenteur	Frustration	....
Énergie	Éclat de joie	Pannes	....
Jugement	Dos douloureux	Exaspération	....
Hypertension	Mal à la gorge	Sollicitations	....
Agressivité	Colère	Contraintes	....
Procrastination	Panique	Euphorie	....
Excitation	Irritabilité	Motivations	....

Comment votre stress se manifeste

Le stress est un mécanisme d'adaptation qui permet de réagir aux sollicitations. Il n'est pas, en soi, bon ou mauvais !

On le dira « bon » si son niveau et son intensité modérés génèrent du plaisir, de la satisfaction. On le qualifiera de « mauvais » s'il génère des sentiments ou des sensations désagréables.

Choisissez, dans la page de gauche, 2 ou 3 mots qui évoquent le « bon stress » et 2 ou 3 mots pour le « mauvais stress ». Reportez-les dans le schéma ci-dessous :

« La réalité est la cause principale de stress pour ceux qui y sont exposés. »
Lily Tomlin

MAUVAIS **BON**

Conseil du coach

Vous cherchez à évacuer le mauvais stress et à capitaliser sur le bon stress. Apprenez à repérer comment l'un et l'autre se manifestent chez vous en fonction des situations.

Pourquoi travailler sur le stress ?

Le bon stress stimule ; le mauvais stress inhibe. C'est pourquoi il est utile de rechercher la « juste tension » entre une situation trop « molle », qui, à l'extrême, mène à la déprime, et une situation surtendue, qui, à l'extrême, mène au burn-out.

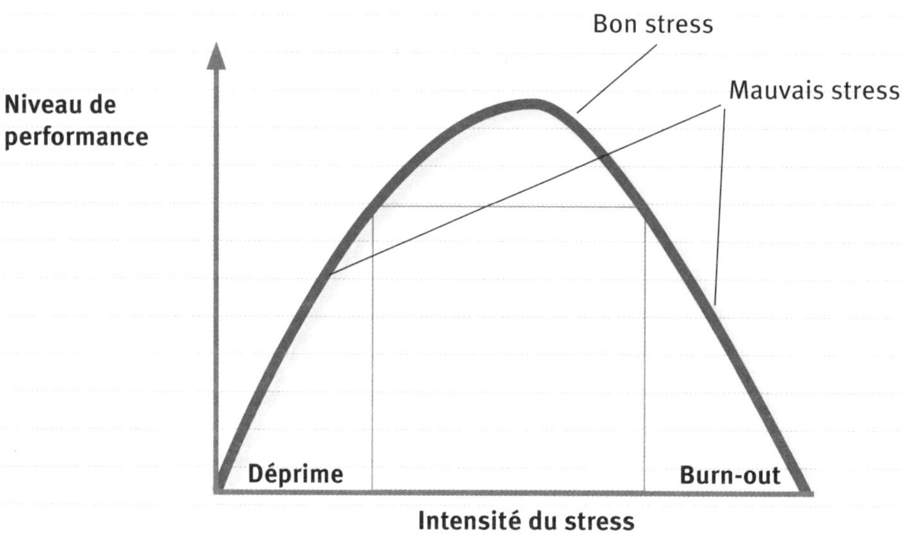

En développant le bon stress et en évacuant le mauvais stress, vous influerez directement sur votre performance. Mais pensez bien que votre stress est unique… tout comme vous !

Il est important d'identifier vos motivations personnelles à évacuer votre mauvais stress : est-ce pour faciliter vos relations avec votre supérieur hiérarchique ? Pour travailler plus vite et mieux ? Pour :

* ....

* ....

* ....

Explorez vos motivations avec le schéma ci-dessous. Suivez le fil de vos envies et de vos besoins en complétant les branches. Ramifiez et prolongez en fonction de ce qui vient !

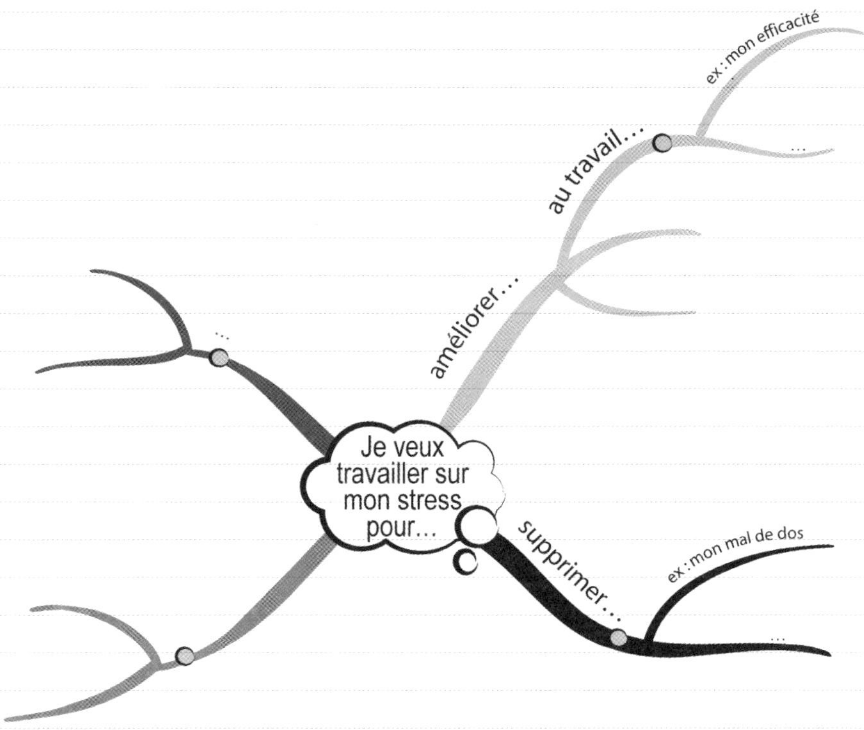

Quand je ne serai plus stressé… … je pourrai

Évacuer le mauvais stress, c'est faire de la place pour accueillir de nouvelles possibilités.

Songez à la manière dont vous allez utiliser cette énergie retrouvée. Voyez comment vous aborderiez de nouvelles perspectives avec décontraction. Imaginez ce que vous aimeriez vraiment vivre, en prenant du bon temps !

Quand je serai moins stressé… je ferai… je serai… je deviendrai… Par exemple : « Quand je serai moins stressé par mon travail, je pourrai aller une fois par semaine au cinéma le soir. »

1. ....

2. ....

3. ....

4. ....

5. ....

Relisez attentivement chacun de ces moments que vous avez imaginés.

Écrivez les commentaires qui vous viennent. Par exemple : « … Et je pourrai aussi me passer une fois par semaine un de mes DVD de Stanley Kubrick assis confortablement dans mon fauteuil. Depuis le temps que j'en ai envie. Et puis, je lirai sa biographie que j'ai achetée il y a deux ans et que je n'ai toujours pas lue ! »

De 3 à 7 jours d'observation…

Explorez vos journées à la recherche des facteurs de stress…

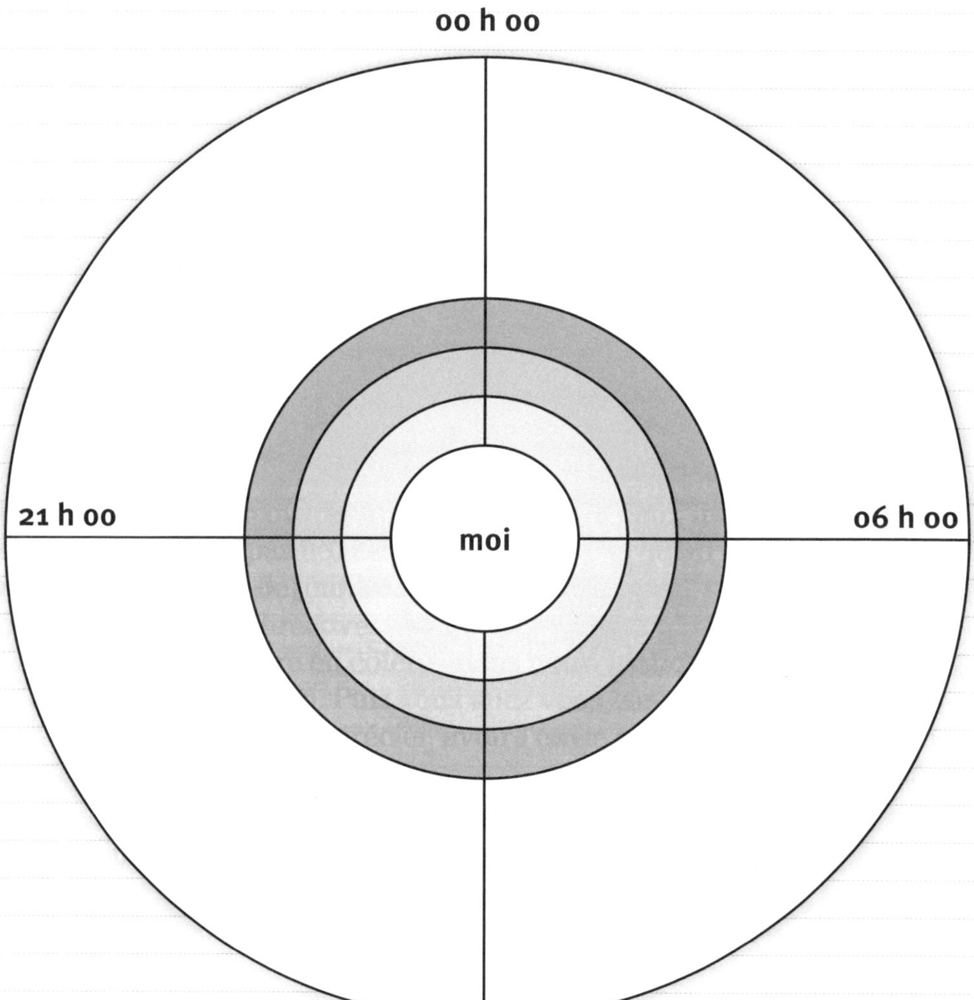

Collez une photo d'identité au centre, ou bien si vous préférez : dessinez votre visage.

Pendant au moins 3 jours… et si possible 7 jours pour couvrir toute une semaine, vous noterez, dans chaque quadrant, les mots ou les pictogrammes de votre stress.

Conseil du coach

Faites une photocopie pour chaque jour, ce qui vous permettra de remplir le document au fur et à mesure de la journée en toute discrétion ! Puis reportez dans le cahier les informations avec une couleur différente par jour de mesure.

Dans les trois cercles grisés, vous repérerez l'intensité de votre stress, du moins fort au plus intense : 1 = gris clair à 3 = gris foncé.

* Qu'est-ce qui revient le plus souvent ?

* Êtes-vous surpris ?

* Y a-t-il une différence d'intensité de stress entre moments au travail et en dehors ?

* Quel point clé ressort de cette période d'observation ?

Mes situations de stress

À partir du tableau d'observation du stress des deux pages précédentes, tracez la courbe de stress d'une journée. Choisissez une journée type, ou, à l'inverse, une journée particulière, comme vous préférez. L'important, c'est qu'elle vous motive !

Comme un sismographe enregistre les secousses de la Terre, vous imagez les variations de votre stress positif et négatif de la journée, que vous représentez, comme sur l'exemple ci-dessous :

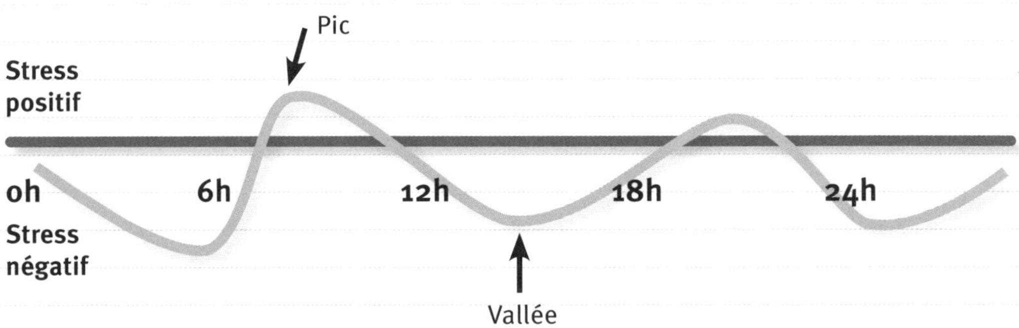

À vous :

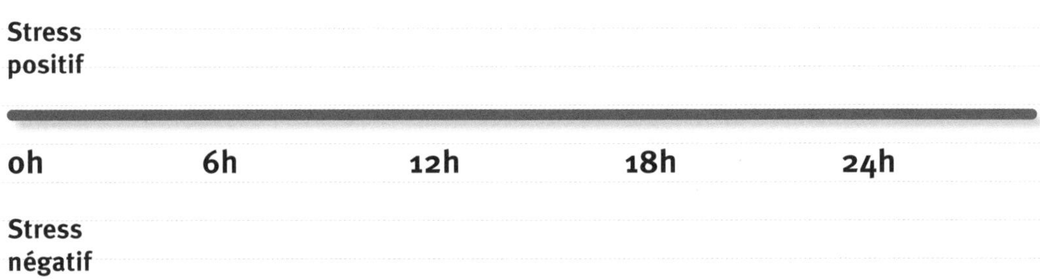

Vous obtenez des pics et des vallées dans votre journée.

Mes deux pics les plus hauts :

* À … … heures, il se passe ceci : .... qui me stresse positivement, et cela s'arrête quand ....
* À … … heures, il se passe ceci : .... qui me stresse positivement, et cela s'arrête quand ....

Maintenant, prenez deux minutes pour vous écouter et écrivez les commentaires qui vous viennent ci-dessous :

Mes deux vallées les plus marquées :

* À … … heures, il se passe ceci : .... qui me stresse négativement, et cela s'arrête quand ....
* À … … heures, il se passe ceci : .... qui me stresse négativement, et cela s'arrête quand ....

Où ça se passe dans mon corps ?

Le stress s'inscrit dans le corps à travers ses mécanismes physiologiques : le cerveau alerte le corps en stimulant la sécrétion de corticoïdes et d'adrénaline. Ceci a pour effet de nous réveiller pour nous stimuler à agir. Si le message est agressif, contrariant, répété…, les répercussions dans notre corps seront durables, et ce dernier finira par s'épuiser.

Remémorez-vous un moment de la journée où vous avez été stressé, soyez présent à vous-même. À quels endroits de votre corps cela se manifeste-t-il ? Qu'est-ce qui est tendu ? Y a-t-il de petites douleurs ? des grandes ?

* Prenez vos crayons de couleur pour représenter les parties de votre corps qui réagissent à votre stress.

* Coloriez sur les deux silhouettes les zones impactées, sur l'avant du corps ou dans le dos.

* Écrivez ensuite plus précisément sur les zones que vous avez identifiées le nom des organes, les os et les muscles particulièrement sensibles ou douloureux.

* Réitérez cette observation dès que vous vivez une nouvelle situation stressante. Y a-t-il du nouveau ? des différences ? des confirmations ?

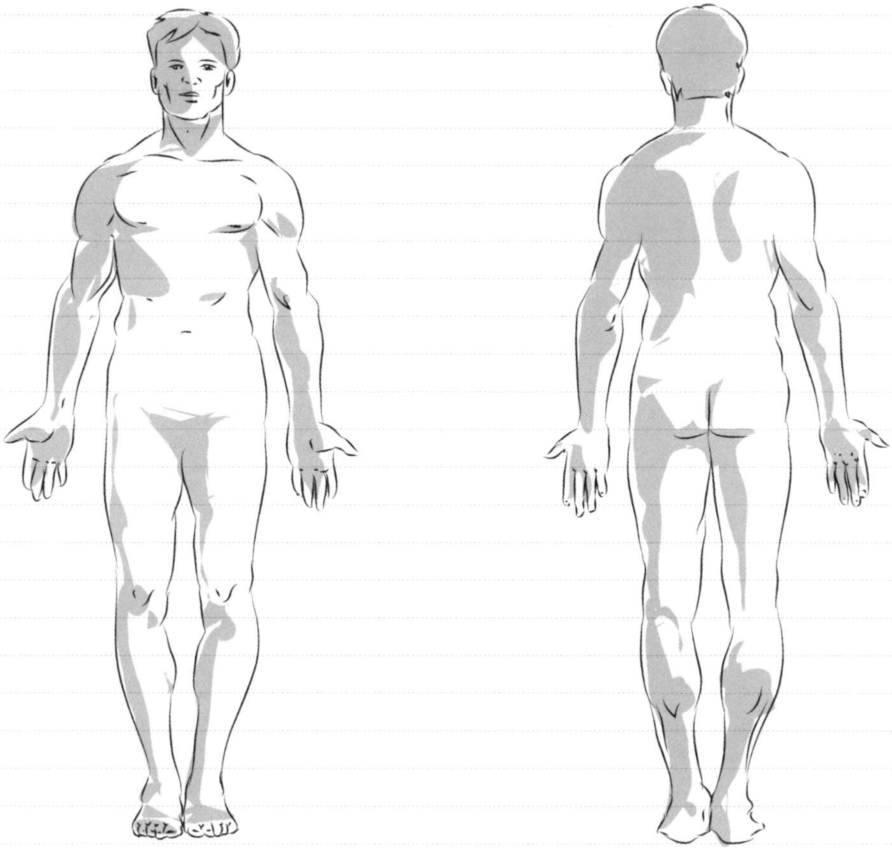

Notez vos observations :

Mes compensations aujourd'hui

Nous vivons dans un système de compensation : d'un mal par un bien, d'un inconvénient par un avantage, d'une valeur moindre par un supplément… et cela nous donne un sentiment immédiat de soulagement, voire de réel plaisir. Et pourtant, compenser est rarement une solution durable au stress.

Et vous, comment réagissez-vous ? Remplissez les espaces libres :

Quand je suis stressé, je compense et ....

Exemple : Je claque la porte si on me contrarie.

Je dors .... qu'habituellement, et ....
j'avale .... pour me calmer.

Je fuis les .... en faisant ....

Je bois .... pour me faire du bien.

J'achète compulsivement des ....

Je fume .... pour me calmer.

Je ....

Je ....

Je ....

Conseil du coach

Identifier attentivement les compensations, c'est déjà se mettre en route pour les limiter et donc alléger le stress qui les provoque !

Choisissez vos 3 modes de compensation privilégiés, et repérez-les pendant 3 jours. Chaque fois qu'ils se présentent, tracez un trait dans le tableau. À la fin de la journée, faites les totaux.

Compensation	Jour 1	Total	Jour 2	Total	Jour 3	Total
Thé (nb tasse/j)	IIIIIIIIII	10	IIIIII	5	IIIIIIII	8
		....		....		....
		....		....		....
		....		....		....

Êtes-vous surpris ? Cela confirme-t-il ce que vous pensiez ? ou pas ? Écrivez ce qui vous vient :

Mes pièges préférés

En situation de stress, les « petites voix » que nous avons dans notre tête s'activent avec frénésie. L'analyse transactionnelle nous propose notamment 5 messages forts avec lesquels nous avons été « conditionnés » : Sois Parfait (SP) ; Sois Fort (SF) ; Dépêche-Toi (DP) ; Fais des Efforts (FE) ; Fais Plaisir (FP). Ces injonctions se manifestent plus ou moins fortement lorsque vous êtes stressé.
Utilisez une couleur de feutre par zone, votre exploration sera plus lisible…

En cercles concentriques, identifiez comment se manifestent ces injonctions, et les pièges qu'elles vous tendent en générant du stress dans certaines situations.

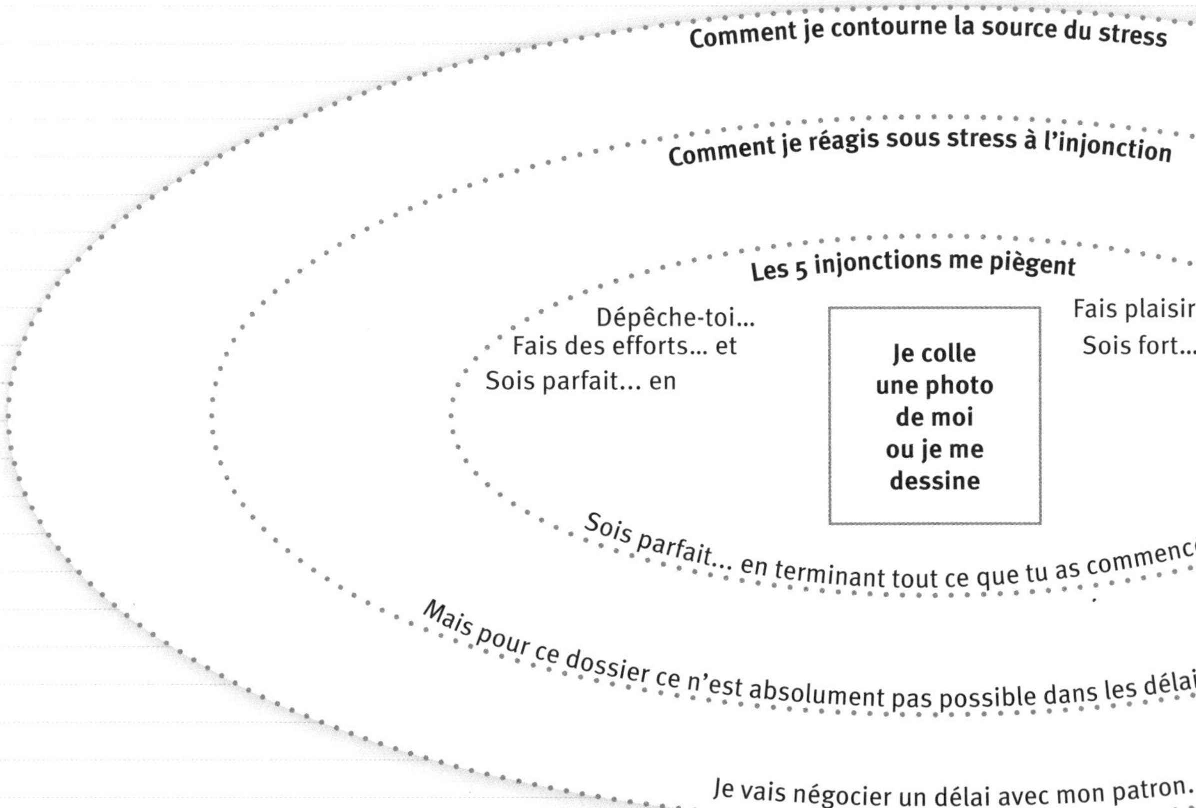

Puis inventez des contournements qui diminueront votre niveau de stress (astuce : cela aura souvent à voir avec se redonner du temps ou de l'espace…).

t ça me stresse.

Mon stress positif

Le stress, c'est la vie ; donc vive le stress ☺ !

Le stress est un mécanisme physiologique de base de l'être humain. Il nous permet de réagir à l'imprévu et de mobiliser nos énergies dans les situations inattendues.

Et si nous apprenions à le « positiver » ? Simplement pour vivre le présent en pleine conscience.

« Vous devez vivre dans le présent, vous lancer sur chaque vague, trouver votre éternité à chaque moment. »
Henri David Thoreau

* Racontez une action réussie de votre vie professionnelle où vous avez eu l'impression d'être en situation de stress positif. Soyez précis(e), concret(e), mettez en scène tous les acteurs de votre histoire. Décrivez l'environnement dans lequel vous étiez, les actions que vous avez menées. Ce n'est pas un compte rendu pour votre manager, mais bien un récit pour vous faire du bien.

* Qu'est-ce que l'énergie du stress vous a permis de faire que vous ne faites pas habituellement ?

Les contaminateurs

Il y a votre stress, et puis il y a celui des autres. Les gens stressés nous stressent. Leur imprévisibilité, leur irritabilité, leurs tensions contribuent à créer une atmosphère tendue, à laquelle il est difficile d'échapper.

Comment y échapper, ou du moins s'en protéger un peu ?

* « Rendez à César… » : ne vous laissez pas emporter par la vague du stressé. Et prenez vos distances intérieurement : moi, ce n'est pas lui (ou elle).

* Respirez, avec le ventre. C'est la meilleure façon de rentrer chez soi. Laissez-vous expirer aussi loin que possible, sans forcer, et attendez pour inspirer que cela reparte tout seul. Deux ou trois fois.

* Résistez à votre première tentation-impulsion de résoudre le problème de l'autre, même pour les meilleures raisons du monde. Quand bien même vous vous dites : « Si son problème est résolu, il ne sera plus stressé, donc ne me stressera plus », n'oubliez pas que certaines personnes sont accros au stress !

* Vous avez du mal à ne pas intervenir ? Trouvez un prétexte, éloignez-vous 10 minutes. En restant toujours centré sur votre respiration.

* Et là, une alternative :
  - soit vous pouvez objectivement faire quelque chose pour aider le stressé (et pas seulement pour vous soulager) ;
  - soit vous restez dans votre bulle de calme.

Et rien de tel que l'expérimentation « consciente » pour ancrer de nouvelles façons de réagir.

Ma première expérience de décontamination :

1. Les circonstances (qui, quand, où)

....

....

2. Respiration dans le ventre : facile ? pas facile ?

....

....

3. Ai-je été tenté de résoudre son problème pour me déstresser ?
Ou ai-je pu attendre ?

....

....

4. Qu'ai-je découvert comme stratégie d'évitement du stress de l'autre
qui me correspond bien ?

....

....

5. Quels sont les enseignements que j'en tire pour la prochaine fois ?

....

....

....

....

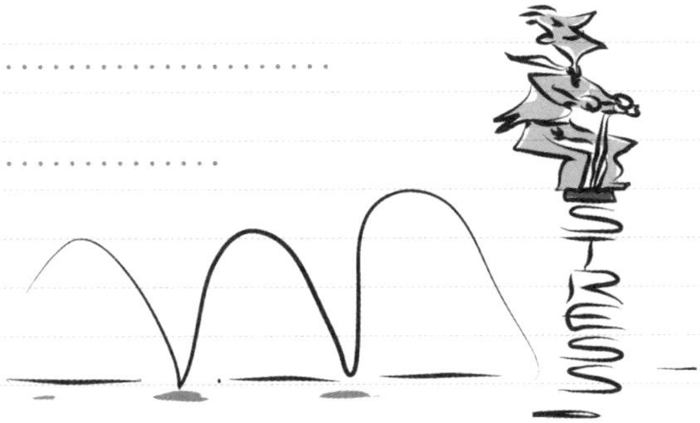

Les stresseurs professionnels

Il y a ceux qui vous stressent parce qu'ils sont stressés (pages précédentes) et puis ceux dont le mode de fonctionnement vous stresse. Mark Bryan, dans son livre *The Artist's way at work*, en a repéré plusieurs.

1. Le casseur d'emploi du temps, dont les urgences, professionnelles ou personnelles, sont toujours prioritaires.

2. La pauvre chose dont les malheurs exigent votre attention, particulièrement lorsque vous êtes dans l'urgence.

3. La super star qui n'en a rien à faire de votre réalité et de vos engagements, jamais aussi importants que les siens.

4. La commère (qui peut être un homme !), répétant (en le déformant) ce que untel ou untel dit de vous.

5. La victime : quand il y a un incident, ce n'est jamais de sa faute, mais plutôt de celle à « pas d'chance », ou des autres.

6. Le noyé sous les papiers haïssant l'ordre. Toujours très occupé, et pourtant pas grand-chose n'est fait.

7. Et puis, il y a le stresseur… qui nie qu'il est un stresseur !

Examinons votre situation de plus près :

- Avez-vous un stresseur autour de vous ? Qui ?

  ....

- Qu'est-ce qui vous stresse dans son comportement ?

  ....

- Y aurait-il un bénéfice caché que vous pourriez en tirer ?

  ....

- Quelles limites pourriez-vous poser ?

  ....

- Pourriez-vous être le stresseur de quelqu'un ? De qui ? Comment ? Dans quelle occasion ?

  ....

  ....

L'air du temps

Dans notre culture, les facteurs de stress s'empilent les uns sur les autres. Les repérer nous aide à nous en protéger un peu.

Parmi les plus importants, nous trouvons…

* **Les mauvaises nouvelles.** Oui, même si cela se passe à l'autre bout de la planète, nous nous sentons concernés. Et même secrètement menacés : et si cela se passait aussi ici ? Qu'il s'agisse d'une tornade ou d'un attentat, notre sentiment de sécurité est mis à mal.

* **L'accélération du temps.** Les heures comptent toujours 60 minutes, mais les nouvelles technologies nous incitent à vouloir toujours faire plus vite, obtenir plus rapidement, raccourcir les délais En 100 ans, la durée moyenne de sommeil de chaque individu a diminué de deux à trois heures. Or le manque de sommeil diminue sensiblement notre résistance au stress !

* **L'exigence grandissante de perfection, en tout temps, en tout lieu :** bien sûr, sur ce que nous produisons, mais aussi sur ce que nous paraissons. Les vêtements, mais aussi la silhouette, l'expression du visage. La pression véhiculée par les médias est forte !

* **Les changements à répétition :** les missions, les objectifs, les patrons, les modes de travail, les nouvelles technologies, etc. Les changements s'accélèrent. C'est un peu comme si nous devions nous remettre à table sans avoir eu le temps de digérer le repas précédent !

Conseil du coach

Pour aller plus loin, interrogez-vous sur vos habitudes, qui sont sans doute devenues des réflexes :

✻ ***Les informations et vous... vous êtes proche de l'intox ?***

- *Vous utilisez un radioréveil ?*
- *Vous appuyez sur le bouton de la télé dès que vous rentrez ?*
- *Que pourriez-vous changer pour prendre un peu de distance ?*

✻ ***Le temps et vous... vous êtes submergé ?***

- *Vous regardez l'heure toutes les cinq minutes ?*
- *Vous ne prenez jamais 10 mn de récré ?*
- *Que pourriez-vous changer pour souffler un peu ?*

✻ ***La perfection et vous... vous vous sentez écrasé ?***

- *Vous contrôlez vos mimiques ?*
- *Vous êtes le super flic de vous-même ?*
- *Que pourriez-vous changer pour vous lâcher un peu ?*

✻ ***Les changements et vous... vous êtes déboussolé ?***

- *Vous récitez votre mantra « De toute façon, c'est trop tard » ?*
- *Vous ne prenez jamais le temps de savourer une réussite ?*
- *Que pourriez-vous changer pour ralentir un peu ?*

Et vous dans tout ça ?

Êtes-vous sensible à l'air du temps ? Que faites-vous pour en diminuer l'impact ?

Prise de parole en public

Vous devez prendre la parole en public. C'est un vrai challenge pour vous et cet exercice vous stresse. La solution est dans la préparation. En tout premier lieu, vous devez clarifier ce que l'on attend de vous. Pouvez-vous répondre aux questions suivantes ?

* Qui est votre public ? Sont-ils des experts ? ....

* Quel est le thème de votre intervention ? ....

* Pourquoi a-t-on pensé à vous pour en parler ?

  ....

* Quelles sont vos ressources ? ....

* Comment allez-vous aborder ce sujet ? Quel est votre angle d'attaque ? Cela fait-il sens pour vous ?

  ....

SE PRÉPARER, C'EST AUSSI PHYSIQUE

- Respirez, c'est le secret. Boire de l'eau de temps à autre est également essentiel.
- Sentez votre présence dans la salle. Pour cela, avant que les auditeurs n'arrivent, installez-vous sur la scène, à l'endroit où vous allez parler et écartez les bras en croix : respirez profondément par le ventre et en détendant votre poitrine.
- Entraînez-vous à dire votre message devant un miroir à haute voix.
- Dans une grande salle, n'oubliez pas que vous parlez toujours pour le dernier rang. Mais ne forcez pas votre voix : imaginez que vous posez votre voix sur l'épaule du plus lointain spectateur et, tout naturellement, le volume nécessaire sortira.

Notez les points clés de votre intervention sur une seule feuille : juste des repères, sous forme de mots, d'images… Et surtout, restez vous-même. Vous savez suffisamment de choses sur ce sujet pour intervenir, sans quoi, ils n'auraient pas fait appel à vous.

Clients difficiles

Vous êtes en relation avec des clients difficiles ? Une des solutions réside dans l'écoute de soi ! Les personnes qui prennent le temps de s'écouter sont plus calmes et les autres viennent à elles pour leur parler. S'écouter, chez soi ou au bureau, c'est prendre un temps pour se relier à soi et pour mieux se relier aux autres.

Faites une page « rush »

Prenez une page blanche A4 et, pendant 5 minutes, écrivez aussi vite que possible tout ce qui vous vient et ce que vous ressentez en évoquant ce client difficile ou un rendez-vous qui vous stresse.

Ces pages n'ont pas vocation à être partagées, ni même à être relues. Elles sont juste un exutoire. C'est votre endroit secret, très privé, où vous pouvez rêver, râler, imaginer, vous plaindre, construire, vous interroger…

Mon supérieur hiérarchique me stresse

Si mille raisons peuvent provoquer le « stress du chef », il en est une très courante dont nous n'avons pas toujours conscience : chaque personne a des modes de fonctionnement préférentiels différents. Connaître les siens et ceux de son supérieur hiérarchique, c'est favoriser l'efficacité de la communication… et réduire le stress potentiel !

Le test « Foursight »® permet d'identifier les préférences créatives de chacun, et cela s'applique facilement aux projets en entreprise.

* Le clarificateur aime examiner les détails et approche un sujet avec méthode. Il ne tient rien pour acquis et pose de nombreuses questions avant de se mettre en action. Typiquement, il dira : « Rien n'est acquis ! »

* L'idéateur aime jouer avec les idées qui jaillissent en nombre chez lui. Il approche un sujet globalement, souvent de manière abstraite. Il s'appuie fortement sur l'intuition. Il dira : « J'ai une idée ! »

* Le développeur aime prendre le temps de peser le pour et le contre, d'analyser les forces et les faiblesses. Il compare donc longuement avant de décider. Il planifie aussi avec attention les étapes d'un projet. Il dira : « Donnons du temps au temps ! »

* Le réalisateur aime que « ça bouge ». Il prend plaisir à travailler sur du concret et a tendance à réfléchir en faisant les choses. Il abrège les discussions en disant : « On y va ! »

Complétez en illustrant si possible avec une situation entre vous-même et votre supérieur qui a généré du stress :

* Je pense être plutôt .... et j'ai pu le voir dans la situation suivante : ....

....

....

....

* Je pense que mon supérieur est plutôt .... et, en pratique, cette différence me cause/m'a causé du stress quand ....

....

....

....

Une mission inhabituelle

On vous confie une mission nouvelle, pour laquelle vos repères habituels sont inopérants… et cela vous stresse (et peut-être vous paralyse ?). Comment aborder le sujet et faire baisser le stress ?

Comme nous l'avons évoqué page précédente, tout projet nécessite 4 phases : clarifier, explorer, développer, réaliser. Sous la pression, il est courant de minimiser la première phase, et pourtant il est essentiel de clarifier, et une liste CQQCOQP vous y aidera.

« Si j'avais une heure pour sauver le monde, je passerai 55 minutes à définir le problème, et seulement 5 minutes à trouver la solution. »
Einstein

Indiquez le titre de votre mission : ....

Explorez, page suivante, les 7 questions suivantes :

- **C : COMMENT ?** De quelle façon, dans quelles conditions, par quel procédé… Procédure, technique, action, moyens matériels…
- **Q : QUI ?** De qui, avec qui, pour qui… Responsable, acteur, sujet, cible…
- **Q : QUOI ?** Quoi, avec quoi, en relation avec quoi… Outil, objet, résultat, objectif…
- **C : COMBIEN ?** Dans quelle mesure, quelles valeurs en cause, à quelle dose… Quantités, budget…
- **O : OÙ ?** Où, par où, vers où… Lieu, service…
- **Q : QUAND ?** Quand, à partir de quand, jusqu'à quand… Dates, périodicité, durée…
- **P : POURQUOI ?** Cause, motif, finalité, justification, raison d'être

* Comment

* Qui

* Quoi

* Combien

* Où

* Quand

* Pourquoi

Comment voyez-vous votre mission maintenant ?

Complétez et/ou reformulez la mission, maintenant que vous l'avez questionnée. Alors … un peu moins stressé ?

Crise de l'entreprise et crise de valeurs

Une crise est, par définition, un moment de stress. Étymologiquement, la « krisis » implique de décider entre des possibles. Et il s'agit de plus en plus de décider dans des situations confuses ou complexes, où il n'est pas matériellement possible de comprendre le détail de tous les paramètres avant d'agir… Et cela est évidemment stressant !

Se préparer à la survenance d'une crise et travailler sur son stress mobilisent ici un même type de ressources individuelles : il s'agit de bien se préparer pour mieux faire confiance à son intuition le moment venu.

* Imaginez ce que pourrait être une crise grave dans votre entreprise et décrivez-la. Imaginez des situations vraiment catastrophiques et hautement improbables… du genre de celles qui font régulièrement la une des journaux !

* Il arrive aussi que la crise soit provoquée par une divergence entre les valeurs affichées de l'entreprise et sa pratique quotidienne. Si cela est le cas pour vous, faites-y également référence dans le tableau.

UNE CRISE EST UNE CHANCE SUSPENDUE

En chinois, une crise est à la fois un danger et une opportunité. C'est donc le bon moment de mobiliser son stress pour réagir face au danger et rassembler ses énergies en développant les opportunités ! Et c'est aussi une « chance suspendue » qui implique de manière peut-être plus subtile que le basculement d'un côté ou de l'autre est partiellement entre vos mains. Selon que votre stress vous paralysera négativement ou vous poussera positivement, la crise basculera d'un côté ou de l'autre…
危机 « Wei », danger + « Ji », opportunité

Une crise grave qui pourrait arriver	Quel type d'impact pour moi (Wei)	Comment je réagirais avec une action concrète (Ji)	Quel bénéfice j'en tirerais
Exemple : Mon entreprise ferait la une des journaux parce que son produit aurait causé le décès de 100 personnes.	Exemple : Mes amis me traiteraient de complice de meurtre.	Exemple : J'apprendrais à communiquer distinctement sur ce qui est de ma personne, et ce qui est de ma fonction dans l'entreprise.	Exemple : Cela alimenterait mon « pitch » si je devais être licencié suite à cette crise.

✻ Continuez éventuellement sur une feuille volante, puis écrivez ci-dessous l'action concrète (3e colonne) qui vous séduit le plus et que vous allez initier cette semaine :

Je procrastine...

Reporter presque systématiquement au lendemain ce qu'on pourrait faire le jour même est désormais qualifié d'un verbe qui sonne joliment : procrastiner. Dans nombre de cas, ceci est directement lié au stress.

C'est plutôt en brisant le cercle vicieux de la procrastination que le stress va diminuer (et pas l'inverse).

« Il y a une chose de bien avec la procrastination, c'est qu'il y a toujours quelque chose de planifié pour demain. »
GB Stern

Tout d'abord, répondez à ces questions en entourant les numéros qui s'appliquent à vous :

1. Avez-vous des difficultés à terminer un projet, parce qu'il n'est pas parfait ?
2. Êtes-vous soucieux de détails, de règles, ou de plannings que bien d'autres ne regardent même pas ?
3. Pensez-vous fréquemment à des choses que vous aimeriez vraiment faire mais qui ne deviennent jamais réalité ?
4. Êtes-vous du genre à attendre que les occasions se présentent plutôt que d'aller les chercher activement ?
5. Êtes-vous rapidement bloqué au démarrage d'un projet, en étant submergé par les nombreux « et si ? » qui vous viennent à l'esprit ?
6. Hésitez-vous avant de quitter votre zone de confort, pour éviter toute anxiété ?
7. Devenez-vous irritable quand on vous demande de réaliser une tâche que vous n'avez pas envie de faire ?
8. Êtes-vous rapidement vexé quand d'autres vous montrent comment travailler plus efficacement ?
9. Attendez-vous la dernière minute pour traiter les priorités au lieu de les réaliser dans un planning organisé ?
10. Aimez-vous prendre des risques, ou êtes-vous fier de vivre de manière risquée ?
11. Avez-vous du mal à dire non aux autres, et ensuite vous retrouvez-vous en colère quand vous devez faire ce à quoi vous vous êtes engagé ?

12. Jonglez-vous frénétiquement avec de nombreuses activités tout en ayant le sentiment que vous ne faites rien de vraiment productif ?

Solutions

Votre style de procrastination dépend des numéros entourés à la page précédente ; à chaque style sa citation que vous vous réciterez au moment critique !

1 et 2 : vous êtes perfectionniste. Surveillez dans votre vocabulaire les mots tels que parfait, extrêmement et quand arrive la fin d'un projet, récitez tout haut cette citation d'Aristote : « C'est le signe d'un esprit éduqué que de se contenter du degré de précision que la nature du sujet admet et de ne pas rechercher l'exactitude lorsque seulement une approximation de la vérité est possible » et avisez...

3 et 4 : vous êtes rêveur. Remplacez « je voudrais » ou « j'essaie de » par « je vais », et fixez un jour et une heure au lieu de dire bientôt. Et dites-vous : « C'est parce qu'on imagine simultanément tous les pas qu'on devra faire qu'on se décourage, alors qu'il s'agit de les aligner un à un » (Marcel Jouhandeau).

5 et 6 : vous êtes inquiet. Remplacez « je ne sais pas » par « une chose que je sais, c'est que... ». Et pensez que : « Ce ne sont pas les espèces les plus fortes qui survivent, ni les plus intelligentes, mais celles qui réagissent le mieux au changement » (Charles Darwin).

7 et 8 : vous êtes susceptible. Parlez en baissant votre voix d'un demi-ton et différez d'une seconde tout emportement verbal Faites en sorte qu'on ne dise pas de vous : « Certains provoquent la joie où qu'ils aillent, d'autres quand ils s'en vont » (Oscar Wilde).

9 et 10 : vous êtes un « faiseur de crise ». Évitez tous les mots dramatiques et excessifs et inspirez-vous de Robert Louis Stevenson qui disait : « Ne jugez pas chaque jour en fonction de ce que vous récoltez, mais de ce que vous semez. »

11 et 12 : vous êtes un boulimique. Au lieu de dire « OUI, mais... », essayez d'utiliser NON, cela vous aidera à prioriser. « Penser, c'est dire non » (Alain).

✻ Vous différez sans cesse une action qui vous tient pourtant à cœur. Écrivez de quoi il s'agit :

....

....

....

« Quel serait le tout-premier-très-petit-pas pour démarrer… puisqu'un voyage de mille lieues commence toujours par un premier pas ? »
Lao-Tseu

Conseil du coach

Agissez sur votre procrastination de la manière la plus simple en repérant dans vos paroles celles qui reviennent comme des réflexes et qui provoquent des blocages. Nous en avons proposé quelques-unes ci-dessus et vous en trouverez d'autres vous-même en fonction de votre « profil » de procrastinateur.

Pour mieux résister au stress

Suivre ses rythmes naturels

Vous lisez ce cahier avec vos yeux, vous le touchez avec vos mains, vous entendez le bruit des pages que vous tournez. Votre esprit chemine en partie là où vos perceptions vous amènent.

Si vous faites l'un des exercices de ce cahier tôt le matin ou tard le soir, vous obtiendrez des résultats différents. Nos réactions – et donc aussi notre stress – dépendent du moment et des conditions. Nos rythmes naturels jouent un rôle clé : si vous êtes « du soir », et qu'on exige de vous une réaction forte et immédiate de bon matin, il y a quelques chances que cela provoque chez vous un stress élevé !

Nous vous proposons une semaine d'observation, que vous pouvez commencer aujourd'hui, ou reconstituer partiellement de mémoire si vous préférez.

	Tôt	Matin	Déjeuner	Après-midi	Début soirée	Fin Soirée	Nuit
Heures	6h-9h	9h-12h	12h-14h	14h-18h	18h-21h	21h-24h	0h-6h
Lundi							
Mardi							
Mercredi							
Jeudi							
Vendredi							
Samedi							
Dimanche							

* Crayonnez chaque case en fonction de votre niveau de « forme créative », à moitié remplie si vous n'êtes qu'à moitié en forme ou totalement si vous êtes au top de votre forme.

* Si vous vous sentez prêt à abattre des montagnes, ce sera :

....

* Si vous avez peu d'énergie, ce sera :

....

Conseil du coach

Connaître ses rythmes naturels et les respecter est donc un moyen d'augmenter son efficacité et de diminuer son niveau de stress, et cela est sous votre contrôle. Si les saisons ont leur importance, le rythme quotidien est la base de tout.

* Y a-t-il des différences entre les jours de la semaine ? Un rythme naturel de forme se dégage-t-il ?

....

....

* Si oui : tracez-le ci-dessous sous une forme similaire à la page 14, « Mes situations de stress », et comparez les deux courbes, puis écrivez, en une phrase, votre vision :

0h 6h 9h 12h 14h 18h 24h

* Mon rythme naturel quotidien est : ....

* Si non : écrivez ci-dessous votre rapport d'étonnement :
Je suis étonné du résultat de ce tableau parce que ....

....

Conseil du coach

Et maintenant...
Que pouvez-vous changer dans vos modes de travail/habitudes/façons de faire/... pour mieux respecter votre rythme naturel ? Par exemple : puisque j'ai du mal à être très alerte avant 10h, je décalerai le traditionnel point d'équipe du lundi matin de 9h à 11h.

Pour mieux résister au stress

Je médite

« Méditer ? Mais je n'ai pas le temps… et je ne suis pas bouddhiste… et la sagesse n'est pas mon objectif immédiat… », pensez-vous.

Contrairement à une croyance assez répandue, méditer ne consiste pas à arrêter de penser… mais juste à revenir à ce qui est là, juste maintenant, pour cultiver un espace de calme en soi.

Et 8 minutes par jour suffisent, dit Victor Davich dans *Eight Minute Meditation*, pour obtenir des effets durables : une plus grande paix intérieure, une meilleure résistance au stress, un goût de la vie plus intense et même, démontrent plusieurs recherches scientifiques, un renforcement de nos défenses immunitaires.

PETITE EXPÉRIENCE

* Vous êtes assis, ni avachi ni raide, juste… intéressé !

* Laissez vos paupières tomber, vous regardez vaguement vers le bas.

* Centrez-vous sur vous. Pas sur ce que vous pensez mais sur ce qui se passe en vous, sur ce qui est :
  - *votre respiration :* laissez faire, observez… Où est-ce que ça se passe ?
  - *les tensions :* soyez curieux…, ne changez rien…
  - *vos ressentis :* les pieds sur le sol, le courant d'air…
  - *une pensée, des commentaires ?* Constatez et lâchez, n'entrez pas dans le jeu du mental, revenez à vous, à vos sensations…

C'est tout ? Oui, c'est tout… Comme un jeu avec un enfant qui chercherait à toujours s'échapper hors du présent, vers le passé ou le futur, et que, tranquillement, vous ramèneriez au centre. En douceur…
Tellement simple que vous pouvez méditer… au bureau, dans le bus… puisqu'il s'agit juste d'être là, présent à vous, à votre réalité.

Je respire

Sous l'effet du stress, le diaphragme se bloque, la respiration s'accélère et se déplace vers le haut de la poitrine. Nous avons perdu le contact avec notre centre de gravité, là où nous sommes en équilibre.

Voici différentes façons de retrouver ou garder son calme… juste en respirant autrement.

PENDANT… ET EN PRÉSENCE DE QUELQU'UN…

Vous êtes tendu, vous en oubliez presque de respirer Dès que vous prenez conscience de cet état, commencez à respirer avec le ventre. Au début c'est un peu artificiel, vous gonflez, dégonflez, et puis ça vient, surtout si une partie de votre attention peut être posée là : vous revenez à vous.

PENDANT… ET VOUS POUVEZ VOUS ISOLER…

C'est une technique utilisée par les chanteurs d'opéra pour se recentrer avant d'entrer en scène. Assis sur une chaise, vous videz vos poumons au maximum en vous penchant en avant jusqu'à ce que votre poitrine touche vos genoux. La paroi de votre ventre doit « coller » à votre dos. Puis vous vous relevez doucement en inspirant et en déroulant votre dos. Recommencez trois fois …

CHEZ VOUS, POUR AUGMENTER VOTRE CAPACITÉ À VOUS CENTRER

Allongé sur le dos, expirez longuement, jusqu'au bout, votre paroi abdominale doit s'écraser sur vos vertèbres… Laissez revenir l'inspiration naturellement. Inspirez doucement en remplissant d'abord le ventre, puis les côtes et enfin le haut de la poitrine. Attendez 3 à 4 secondes, puis expirez à nouveau. À répéter 5 fois. Idéalement, deux fois par jour.

Pour mieux résister au stress

Je fais silence…

> « L'ennui porte conseil. »
> Gilbert Cesbron

Dans nos vies suroccupées, plus de place pour la vacance, le silence… ces espaces de récupération et de reconnexion avec nous-mêmes.
Et nous avons besoin de silence, pas seulement pour nos oreilles, mais aussi pour notre cerveau. Offrez-lui des vacances…

Les médias sont des stimulants. À haute dose, ils sont des faiseurs de bruit : fatigants, inhibiteurs… Et nous sommes leur meilleur complice : appuyer sur un bouton de télé juste comme ça, ou feuilleter machinalement un magazine nous soulage de notre stress, en remplaçant… un bruit par un autre.

EXPÉRIENCE : UNE JOURNÉE SANS MÉDIAS

Pendant 24 heures, n'ouvrez aucun média (sauf ceux indispensables pour votre travail) : pas de télé, pas de radio, pas de MP3, pas de livre ou de magazine, pas de journal… et constatez…

Peut-être allez-vous être en colère : dans notre pratique des médias, il y a une part d'addiction. Puis vous allez vous ennuyer… Et enfin, peut-être que vous allez apprécier, avoir l'envie de faire quelque chose de différent de d'habitude…

Expérimentez, puis écrivez…
C'était comment ?
Qu'avez-vous appris ?

Conseil du coach

Essayez pendant une semaine.
Répétez l'expérience une fois par semaine.

Je bouge…

On le dit partout, vous le savez déjà… le sport est un bon évacuateur de stress. Mais savez-vous qu'il est aussi un bon moyen de muscler votre endurance au stress ? Toujours grâce aux endorphines produites par le cerveau pendant l'action.

Vous le savez… mais vous ne faites rien. Peut-être parce que vous avez cette croyance du tout ou rien : « Si je ne vais pas deux fois deux heures dans une salle de musculation, cela ne sert à rien… », « Si je ne pédale pas au moins une heure trois fois par semaine, autant ne pas commencer… »

Il est aujourd'hui largement admis par les professionnels de la santé qu'une activité physique régulière suffit. Deux pistes s'offrent à vous :

L'ACTIVITÉ PHYSIQUE : TOUT AU LONG DE LA JOURNÉE !

Les opportunités sont nombreuses, surlignez celles que vous pourriez saisir :

- monter les escaliers… de mon appartement, de mon bureau, du métro… à pied ;
- descendre… du bus, du métro… une station avant ;
- remplacer la voiture par la bicyclette une ou deux fois par semaine ;
- marcher vite sur un trajet par jour ;
- faire une vraie promenade avec mon chien plutôt qu'une sortie pipi express ;
- à vous d'inventer : ....

LE SPORT… À CONDITION DE CHOISIR CELUI QUI VOUS MOTIVE

La seule façon de tenir votre engagement, c'est de choisir un sport qui vous corresponde. Quelques questions pour déblayer le terrain :

- sport collectif ou individuel ? ....
- en équipe ou à deux ? ....
- dehors ou dedans ? ....
- pour jouer ou pour la performance ? ....
- avec un prof ou avec des copains ? ....

Et maintenant, enquêtez, et faites votre choix : ....

Pour mieux résister au stress

Je vide mon sac…

Nous avons tellement pris l'habitude d'encaisser, d'avaler les couleuvres sans rien dire, que souvent, nous ne nous rendons plus compte des coups que nous prenons. Nous encaissons, inconsciemment. Jusqu'au jour où la coupe est pleine et où nous surréagissons à la moindre contrariété.

La solution ? Vider son sac quotidiennement. Juste entre soi et soi.

LES PAGES DU MATIN

Tous les matins, si possible au réveil, quand vous n'avez pas encore tout mis sous contrôle, prenez 3 feuilles A4, un stylo, et écrivez : tout et n'importe quoi. Tout ce qui vient. Dans le désordre, mais dans l'ordre où ça se présente. C'est une vidange : vous ne le relirez pas, et bien sûr personne ne le lira.

Vous pouvez être grandiose, mesquin, rêveur, triste, pratique…

Conseil du coach

Quelques trucs en plus pour une efficacité maximale…

—> Écrivez à la main, sans lever la main.

—> Écrivez aussi vite que possible.

—> Selon le temps dont vous disposez, écrivez normalement ou très gros.

—> Soyez fou : écrivez tout ce qui vient, sans chercher à être cohérent ni logique (c'est ce qui va être le plus dur !).

Tiens, là, tout de suite, vous pourriez commencer… Ça commence comment… « Oh là là, qu'est-ce qu'ils me proposent là ? Ils pensent que j'ai le temps… » À vous :

Conseil du coach

Alors ? Soulagé ? Vous pouvez aussi faire cet exercice sur une page, après un gros coup de stress, pour faire de la place, vous recentrer, vous récupérer, y voir plus clair sur ce qui est en jeu pour vous à ce moment-là.

Pour mieux résister au stress

J'écoute mes besoins

Si vos besoins fondamentaux sont satisfaits, vous serez dans de meilleures conditions pour aborder les périodes de stress.

* Faites une première évaluation intuitive en vous aidant de cette pyramide de Maslow : dans chacune des tranches, mettez une note de 1 à 20 (20 si vos besoins sont totalement satisfaits).

* Dans un second temps, prenez le temps d'affiner. Surlignez 3 besoins qui ne sont pas satisfaits aujourd'hui, et retranscrivez-les avec vos mots, dans votre contexte :

* 1er besoin : ....

  2e besoin : ....

  3e besoin : ....

* Et maintenant, quel est le premier petit pas que vous pourriez faire pour satisfaire chacun de ces besoins ? Quelle stratégie pouvez-vous développer ?

  1. ....

  2. ....

  3. ....

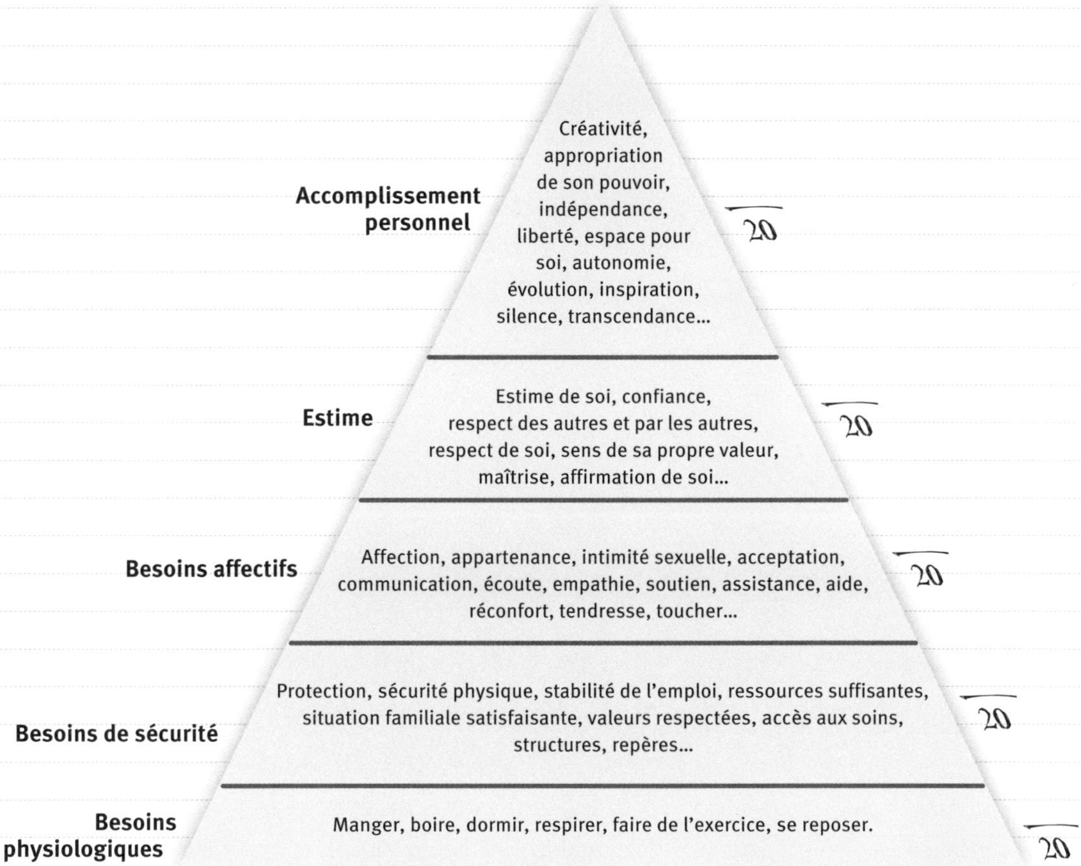
Accomplissement personnel
Créativité, appropriation de son pouvoir, indépendance, liberté, espace pour soi, autonomie, évolution, inspiration, silence, transcendance…
/20
Estime
Estime de soi, confiance, respect des autres et par les autres, respect de soi, sens de sa propre valeur, maîtrise, affirmation de soi…
/20
Besoins affectifs
Affection, appartenance, intimité sexuelle, acceptation, communication, écoute, empathie, soutien, assistance, aide, réconfort, tendresse, toucher…
/20
Besoins de sécurité
Protection, sécurité physique, stabilité de l'emploi, ressources suffisantes, situation familiale satisfaisante, valeurs respectées, accès aux soins, structures, repères…
/20
Besoins physiologiques
Manger, boire, dormir, respirer, faire de l'exercice, se reposer.
/20

MOI
OUF !
JE NE PENSAIS
PAS ÊTRE À
LA HAUTEUR
Maraï

Pour mieux résister au stress

J'apprends à dire non…

Non aux surcharges régulières de travail, non aux heures supplémentaires systématiques, non aux intrusions permanentes… Savoir dire non, c'est aussi savoir fermer sa porte. Et surtout, quand vous saurez dire non, vous saurez dire de vrais « oui », prononcés ni par lassitude ni par soumission.

D'ABORD, ON COMPREND…

Nous avons du mal à dire non tout simplement parce que nous avons peur… Peur d'être jugé (« vraiment, il n'assure pas »), peur des conflits (« il va falloir se battre »), peur de décevoir (« décidément, je ne suis pas à la hauteur »), peur de blesser (« il va croire que je ne l'aime pas »).

ENSUITE, ON SE MOTIVE…

Il y a beaucoup d'avantages à savoir dire non, dont le premier est : être en accord avec soi-même. On affirme sa personnalité en donnant de la valeur à ses « oui ». Et… on gagne du temps, ce qui diminue le nombre de situations stressantes.

ENFIN, ON S'ENTRAÎNE…

1. Soyez clair avec ce que vous voulez, ou non. Les pages du matin ou une page rush (voir pages précédentes) peuvent vous y aider.

2. Dites non, et expliquez pourquoi, de votre point de vue.

3. Et n'hésitez pas à expliquer ce que vous ressentez.

4. Soyez constructif : proposez une solution, une alternative.

CE N'EST QU'UNE QUESTION D'ENTRAÎNEMENT

Commencez par vous entraîner sur des terrains neutres, juste pour vérifier que le ciel ne vous tombera pas sur la tête si vous dites non.
Par exemple :

- Allez dans un magasin de vêtements, essayez ce qui vous plaît, 2 ou 3 choses, puis ressortez avec un grand sourire en expliquant que... la couleur, la coupe, bref...
- Entrez dans un restaurant, asseyez-vous, regardez la carte, puis expliquez gentiment que ce n'est pas ce que vous désiriez, ou que la table n'est pas assez tranquille...

Et maintenant à vous de jouer : un non par jour pendant une semaine :

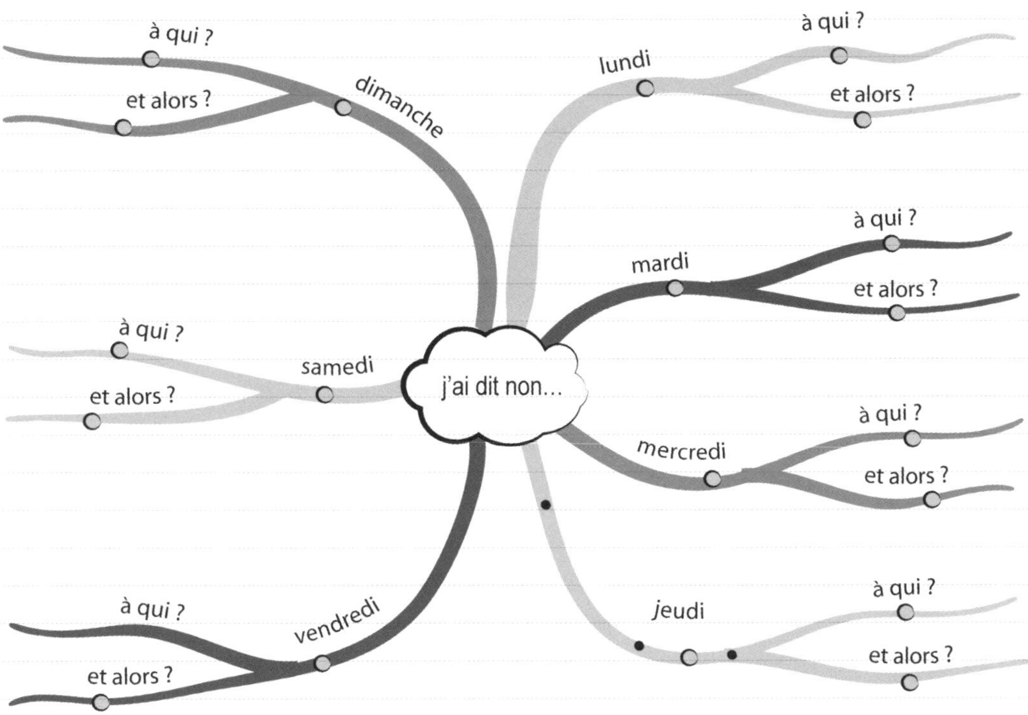

Pour mieux résister au stress

Je m'offre des récrés…

Sur la route, il est conseillé de s'arrêter toutes les deux heures pour marcher un peu, boire et retrouver une pleine capacité d'attention.
Au bureau, c'est pareil : offrez-vous au moins une récré de 10 minutes par demi-journée. Une vraie récré détente : pas un café de plus ou l'écoute de radio-moquette !

Non seulement vos neurones se décrisperont, mais, en plus, vous donnerez un nouvel élan à vos ressources créatives.
Quelques idées :

* Fermez la porte de votre bureau et écoutez de la musique.
* Apportez un guide de voyage et faites des projets.
* Lisez de la poésie, ou une courte nouvelle.
* Feuilletez un beau livre (d'art, de design, sur la nature…) que vous avez mis dans votre bureau.
* Trouvez une pièce avec vue pour y passer 10 minutes.
* Faites le tour du pâté de maison, ou passez le nez dans un magasin.
* Surfez sur Internet (10 minutes seulement !) pour trouver de nouvelles idées.

Et vous, quelles récrés allez-vous inventer ?

* ……………………………………………………………
* ……………………………………………………………
* ……………………………………………………………

Je pratique le beau…

Ce que nous trouvons beau a le pouvoir de nous apaiser, et même de nous rassurer. Jouez la carte de la beauté…

SUR VOUS…

L'idée n'est pas de vous habiller comme pour une soirée. Mais de porter quelque chose dont la beauté vous touche. Cela peut être une matière, une tache de couleur, une odeur, une coupe…
Et pour vous, ça sera quoi ?

* ……………………………………………………………

* ……………………………………………………………

PRÈS DE VOUS…

Vous n'êtes probablement pas responsable de l'aménagement de votre bureau. Mais, *a priori*, vous devriez pouvoir y placer un objet qui vous plaît, naturel de préférence : un bois flotté ou un galet ramassés sur la plage, un cactus, une boule en verre, un grigri…
Et pour vous, ça sera quoi ?

* ……………………………………………………………

* ……………………………………………………………

CHEZ VOUS…

Chez vous ? Exprimez-vous, seul ou avec d'autres : peinture, chant, poterie, danse, cuisine, sculpture, théâtre…
Et pour vous, ça sera quoi ?

* ……………………………………………………………

* ……………………………………………………………

Pour mieux résister au stress

Je crée ma boîte à musique intérieure

Trouver du plaisir à ce qu'on fait est un excellent moyen de diminuer son stress. C'est quelquefois une simple question de changement de regard. Et si nous apprenions ou réapprenions à voir, mais aussi à sentir, à toucher, à goûter, à écouter ?

Notre capacité à utiliser les 5 sens de manière positive s'émousse avec le temps. Alors, de même qu'on aiguise de temps à autre un couteau pour affûter son tranchant, il est bienvenu d'affûter notre regard et nos autres sens, afin de renforcer nos perceptions positives.

Petite expérience sensorielle… Vous avez envie de vous faire du bien et de retrouver de bons moments pour chacun de vos 5 sens. Remémorez-vous des moments forts, ceux qui font « WHAOU ! » parce qu'ils laissent une empreinte positive et puissante, qui marque pour longtemps :

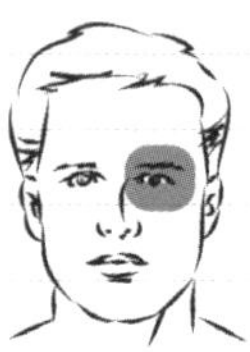

Quelles images ou photos vous font du bien ? Peut-être est-ce la photo de vos enfants, mais autorisez-vous aussi des images plus personnelles et inattendues : laissez-vous surprendre !

…………………………………………………………

…………………………………………………………

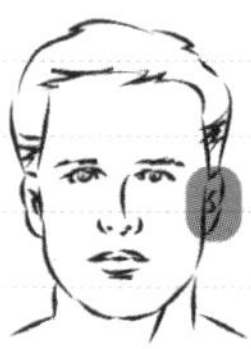

Quelles chansons ou quels morceaux de musique écoutez-vous pour vous remonter le moral ?

…………………………………………………………

…………………………………………………………

Quelle matière aimez-vous toucher ?

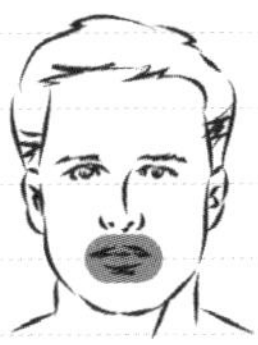

Y a-t-il une épice, une friandise… qui vous rend heureux parce que vous l'associez à des événements agréables ? Votre « madeleine de Proust » ?

De la même manière, un parfum ou une senteur vous met-il en joie ?

Collectez un extrait des éléments ci-dessus et déposez-les dans une boîte ou une trousse, que vous pourrez éventuellement avoir dans votre cartable ou votre sac à main… Pour commencer, cela peut être, par exemple, une photo de votre chat + un échantillon de parfum + une patte de lapin + un sachet de cumin ! Et de temps à autre, ouvrez la boîte et ressourcez-vous. Bien entendu, vous pourrez enrichir cette boîte avec de nouveaux objets associés à des moments forts et positifs !

Conseil du coach

De la même manière, vous pourrez ouvrir un dossier sur votre ordinateur où vous déposerez des images, des MP3, etc., qui vous font du bien. Soyez sélectifs : comme disent les Anglo-Saxons : « **Twenty is plenty** ***», vingt, c'est déjà beaucoup !***

Pour mieux résister au stress

Les gens qui me calment

Qui peut vous soutenir autour de vous ?

Quand on se sent vulnérable, tendu, ou stressé, tout en acceptant cet état, il est important de trouver des appuis pour vous soutenir, nourrir votre optimisme, votre confiance en vous.

Demander de l'aide à des personnes qui sauront vous écouter et vous soutenir, augmentera vos chances de réussite. Collez la photo de vos 5 personnes ressources ou dessinez-les.

À vos répertoires ! Et notez pour chaque personne ce que vous souhaitez leur demander.

.... ☎ ....

Sollicitation ? ....

....

....

.... ☎ ....

Sollicitation ? ....

....

....

.... ☎ ....

Sollicitation ? ....

....

....

.... ☎ ....

Sollicitation ? ....

....

....

.... ☎ ....

Sollicitation ? ....

....

....

Et maintenant : mon programme personnel

Vous avez « joué » avec les exercices de ce cahier, certains vous ont inspiré, d'autres moins, et vous avez évacué le mauvais stress… un peu, beaucoup…

Inscrire ces exercices dans le quotidien permet d'obtenir des résultats durables, d'une manière que nous vous proposons simple et ciblée.

Pour chacun des quatre domaines, physique, mental, émotionnel et spirituel, fixez-vous un objectif inspiré des exercices du cahier.

Vous ferez une chose et une seule, mais si possible chaque jour pendant les 30 prochains jours. En effet, 30 jours de pratique continue est la durée communément admise pour intégrer un nouveau comportement dans la vie. C'est pourquoi ce changement doit être minime, sinon vous aurez toujours une bonne raison de l'oublier, consciemment ou non, en cours de route !

Conseil du coach

Souvenez-vous du CQQCOQP page 34 pour vous aider à clarifier !

Ce que je vais faire dans le mois qui vient pour évacuer le stress :

Du …. /…. /20… au …. /…. /20…

Physique ……………………………………………………

Mental ……………………………………………………

Émotionnel ……………………………………………………

Spirituel ……………………………………………………

Inscrivez ces actions chaque jour dans votre agenda sous forme de code, et cochez-les régulièrement lorsqu'elles sont faites.

FAITES SIMPLE

Prévoyez des actions vraiment faisables qui soient de réels changements par rapport à votre comportement du moment. Par exemple :

- **Physique :** pour évacuer mon stress, je me remettrai en mouvement. Je marcherai 5 minutes par jour, en descendant du bus une station avant celle en face du bureau.
- **Mental :** pour évacuer mon stress, je me protégerai du « bruit ambiant ». Je m'abstiendrai donc de regarder la télévision un soir par semaine.
- **Émotionnel :** pour évacuer mon stress, j'oserai faire quelque chose de pas « convenable ». Au moins une fois par jour, je m'autoriserai à pousser un cri (de joie ou de rage) à un endroit où je ne gênerai personne !
- **Spirituel :** pour évacuer mon stress, je réintroduirai du beau dans ma vie. J'apprendrai un beau poème que je me réciterai au moins une fois par semaine.

Après 30 jours, écrivez où vous en êtes, soit au . . . . / . . . . /20. . .

Conseil du coach

Vous avez l'impression qu'une des quatre actions a porté ses fruits ? Deux ou trois ? Les quatre peut-être ! Alors, il est temps d'en ajouter d'autres ou bien d'en changer.

Et maintenant : nouvelle session d'observation

Vous pouvez reprendre le tableau d'observation du stress en début de cahier (celui en forme de cible, page 12), ou plus simplement faire appel à votre mémoire et votre intuition. Tracez votre courbe de stress de la journée d'hier, comme vous l'aviez fait auparavant.

Stress positif

0h **6h** **12h** **18h** **24h**

Stress négatif

Vous obtenez des pics et des vallées dans votre journée.

* Le pic le plus haut : À .... heures, il y a eu ceci : ....

qui m'a stressé positivement, et cela s'est arrêté quand ....

* La vallée la plus marquée : À .... heures, il y a eu ceci : ....

qui m'a stressé négativement, et cela s'est arrêté quand ....

Quelque chose a-t-il changé depuis votre dernière observation le mois dernier ?

* Dans votre vie quotidienne, au travail ? ....

....

* Dans votre vie personnelle ? ....

....

* Dans votre corps ? ....

....

Et maintenant : que faire de plus ?

Comme vous l'avez vu tout au long de ce cahier, évacuer le stress, c'est d'abord réintroduire plus de jeu dans sa vie, dans les deux sens de « faire un jeu » et aussi « laisser du jeu ».

Vous pourrez trouver de nombreux articles ou livres qui vous proposeront des « méthodes en 9 points », ou en 10 ou en 12…, sur le lâcher-prise, la sérendipité, etc., autant de manière de modifier notre regard sur le monde qui nous entoure, tant dans les micro-moments de la vie quotidienne que dans l'évolution macroscopique de la société.

Toutes ces méthodes ou approches peuvent avoir une utilité. Cependant, elles ne valent que si votre espace de jeu reste ouvert de l'intérieur, parce que vous en avez vraiment besoin et envie.

Votre corps a besoin de respirer et vous pouvez avoir envie de respirer en pleine conscience afin d'évacuer votre stress comme vous avez pu l'expérimenter.

Votre esprit a lui aussi besoin de « respirer » en pleine conscience, et nous vous proposons une manière simplissime d'entretenir cela :

AVOIR CONSCIENCE DE CE QUE VOUS FAITES DE VOTRE TEMPS !

Chaque semaine dure 168 h, si on enlève disons 40 heures de travail, 10 heures de temps de transport, 5 heures de déjeuner et 55 heures de sommeil, il reste plus de 58 heures par semaine pour le reste. Si vous stressez parce que vous n'avez pas de temps, c'est peut-être que vous avez décidé de ne pas en trouver !

ÊTES-VOUS « L'ESCLAVE » DE QUELQU'UN ? DE VOUS-MÊME PEUT-ÊTRE ?

Limiter le stress, c'est :

* d'abord faire ce bilan du temps sans se mentir ;
* puis trouver divers moyens de créer dans ces plus de 58 heures utilisables des manières de se réapproprier du temps à soi pour s'écouter, nourrir son imaginaire et exprimer son potentiel créatif. L'essentiel est de commencer à faire les trois, et cela n'a pas besoin d'être spectaculaire ni grandiose.

Listez huit choses que vous aimez vraiment faire :

1. ....

2. ....

3. ....

4. ....

5. ....

6. ....

7. ....

8. ....

Quand les avez-vous faites pour la dernière fois ? Écrivez-le à droite de chaque réponse. Sélectionnez une des trois activités que vous n'avez pas faites depuis le plus longtemps, et que vous avez très envie de faire dès que possible. Dans votre agenda, prenez un rendez-vous avec vous-même dans la quinzaine qui vient et osez le faire !

Bibliographie

* Une démarche pour être présent au présent : *The Artist's Way at Work.*

* Pour calculer votre stress, l'échelle de Homes-Rahe : www.passeportsante.net/fr/VivreEnSante/Tests/Fiche.aspx?doc=stress_ts

* Des livres et un site pour vous aider à être vous-même :
  - *Cessez d'être gentil, soyez vrai*, de Thomas d'Ansembourg
  - *L'esprit de solitude*, de Jacqueline Kelen
  - *Moi, leader*, un parcours pour développer une attitude créative, intuitive et audacieuse, d'Isabel Fouchécour et Nathalie Renard

* www.palsambleu.fr/savoir-dire-non/

* L'univers des auteurs : www.nextcreativity.eu

… ET CEUX QUI VOUS INSPIRENT

Ils écrivent (ou ont écrit) des livres, donnent des conférences, passent à la télé…

À suivre de près :

* ....

* ....

* ....